ビジネス人生で学んだ

私の人生訓

Fukuchi Shigeo
福地茂雄

致知出版社

ビジネス人生で学んだ私の人生訓＊目次

第一章　教育の力

第二章　置かれた場所で輝く人に

第四章　日本人に生まれて

第五章　いまを大事に生きる

第一章

教育の力

十年樹木、百年樹人

■今日ほど人財が求められる時代はない

『十年樹木《じゅうねんじゅもく》、百年樹人《ひゃくねんじゅじん》』（馬遅伯昌《マーチーハクショウ》・著／講談社）という書籍があります。樹木を育てるのは十年、人を育てるのは百年を要するという意味だそうです。

残念ながらいまの国会議員の中には、隣近所の出来事や友人、知人の声には耳を傾けても、国家の経綸《けいりん》を語り、国家百年の大計を論じる人はあまり見当たりません。

これはいまの選挙制度、特に小選挙区制度に問題があると私は思います。極端な言い方をすれば、小選挙区制度が導入されて以来、国会議員と地方議員の違いが見出しづらくなったように私には感じられてならないのです。地元住民の声を拾い上げて政策に反映する地方議員の役割は大変尊いものですが、国政を担う立場にある人がこうした地方議員に類するような仕事ばかりに汲々《きゅうきゅう》とし、国家的な視点を見失っているようでは、国の行く末が心配です。

かつてアサヒビールの中間管理職を務めていた頃、「部下の仕事は取るな、上司の仕事を取れ」と教えられたことを思い出します。同じ意味ですが、「将来を期待する社員には〝大きな着物〟を着せよ。〝窮屈な着物〟を着せると人間までが小さくなってしまう」とも言われたものです。これは社員の視野を広げ、器を大きくして人財を育成するのは経営者の重要な役目の一つであること、つまり「百年樹人」という視点の大切さを示していると思います。

■人づくりには教師が重要な役割を果たす

私は、福岡県立小倉《こくら》高校時代に教えを受けた教師を〝恩師〟と呼んでいます。私の座右の銘は、いずれもその三人の恩師からいただいたものです。

こうした尊い教育者と比較すると、この頃マスコミを賑《にぎ》わしている〝わいせつ教員〟に人を導く資格があるとは思えません。先日の新聞の見出しには「わいせつ教員数、高止まり」と書かれていました。わいせつ教員対策法なるものを国会で審議しなければならないとは、何と恥ずかしいことでしょうか。

教育では、知識を教える知育ばかりでなく、人格を養う徳育が大切です。残念ながら今日の生徒、学生の多くには、〝恩師〟と呼べる存在が見出しづらいのではないでしょうか。徳育を実践する器量を備えた真の教育者を育てるのは、教育大学、教育学部の重要な役目です。

■学校と共に大切なのは家庭での徳育である

私の子供時代、父親には先祖を大切にすることや、風呂の掃除、廊下の拭《ふ》き掃除、玄関先の掃《は》き掃除をすることを厳しく躾《しつ》けられました。そして、母親には日々の予習復習から学芸会の準備、読書に親しむことを教えられてきました。両親にとって子供に教えることは大切な仕事です。

ところが、いまは子供の教育を放棄している親が多いことに、私は強い危機感を抱いています。

二〇二一年八月中旬の『日本経済新聞』に、中国では「家のしつけ法律化――『片付けは自分で』学校任せにせず」という記事がありました。教育、とりわけ大切な徳育は、幼いうちに家庭でしっかり為されてこそ、その人を生涯支える人間的基盤が養われるのです。

明治の元勲《げんくん》と呼ばれる先人は、「鉄は国家なり」を合言葉に鉄鋼業を、「海洋日本」を謳《うた》って造船業を興《おこ》し、「法治国家」といわれるほど法制度を整備して議会制度をつくり、世界有数の識字国家として「読み書き算盤《そろばん》」に「修身《しゅうしん》」を中心とする徳育制度を樹立しました。私が子供の頃には、国土は狭いが国力は大きい「世界の一等国」としての自負がありました。

いま求められる人財は、自分の専門分野のみに精通した、切れ味のよい「カミソリ型」ではなく、人間力の備わった、たとえ切り口は鋭くなくとも大木をなぎ倒す力を持つ「ナタ型」ではないでしょうか。

国家百年の大計が求められる今日、改めて「百年樹人」という言葉を心に留め置きたいものです。

いまの教育に思う――人づくりは四育の立て直しから

■急落した日本の子供の読解力

日本の子供たちの「読解力」が急落しています。二〇一九年十二月四日に新聞各紙が報じた国際学力調査の結果によると、アジア諸国の学力が上昇する中で、我が国だけがランクダウンを喫《きっ》しているというのです。この状況に、私は強い危機感を抱きました。

教育は、知育・徳育・体育・食育の四育から成り立つものであり、私たちはそれらを学校で、地域社会で、あるいは家庭で教えられ、学んできました。しかしいま、四育それぞれについて何かしら物足りなさを感じているのは、私だけでしょうか。日本の教育の現状について思うところを、順番に記していきたいと思います。

まず知育です。人づくりは喫緊《きっきん》の重要課題といわれながら、事実は言葉と逆行していないでしょうか。

義務教育の週五日制は論外です。年末年始の休日に始まり、春休み、夏休みと、既にたくさんの休みがあります。例えば教員だけは土曜休日とし、その日は定年退職した旧教員に担当してもらうといったやり方もあると思います。大学教育での理系、文系の区別は明治の遺物に他なりません。多様化が進む中、いまは環境科学のように文理いずれにも属する科目も数多くあります。

かつての大学では四年間きっちり勉強できましたが、昨今は就職活動に多くの時間が費やされ、実際の教育は二、三年というのが実情です。また、国立大学での国費負担は毎年減少の一途《いっと》を辿《たど》り、そのしわ寄せは教授陣の減少、とりわけリベラルアーツ担当の教授陣の不足を招いているのではないでしょうか。

リベラルアーツは一般的に哲学、心理学、美学などの教養科目といわれますが、文系、理系に囚《とら》われることなく、幅広い知識を得て判断力を養うことに繋《つな》がる学問だと思います。国際人となるためには、自分の国の文化や歴史を語れることに加え、幅広い教養が求められます。

また、人間は子供の時のほうが記憶力がよいといわれます。意味は分からずとも『論語』を暗記させると大人になっても忘れないものです。成長段階では、記憶力を生かして大切な教養を身につけ、長ずるに従ってAIを使いこなせる判断力を養う教育も求められます。

世界水準と比較しても、いまの日本の教育には改善すべき点が多く、このままでは知育の後退もやむなしという状況にあるといわざるを得ません。

■健全な思考と健全な肉体を育む

次に徳育です。それは挨拶《あいさつ》に始まり挨拶に終わる、感謝に始まり感謝に終わるもの、といっても過言ではありません。

しかしながらこの頃、電車やバスの優先席で狸《たぬき》寝入りを決め込んでいる者、スマホに見入っている者などを見る時、昔からいわれてきた日本人の美徳という言葉に虚《むな》しさを感じるのは私だけではないでしょう。いまの教育で最も遅れているのは徳育です。

三つ目の体育は、学校教育だけでなく、生涯学習といえます。確かに日本人の身長は伸び、脚も長くなり、体重も増えてきました。しかし、昔に比べて体力は減退しているのではないでしょうか。

そして食育。母乳に始まり、味噌汁や煮付けの味、栄養バランスを考えた家庭の食育、学校教育による食育を行っても、いまは飲食店、ファストフード、コンビニエンスストア等々、一歩外へ出ればいくらでも美味《びみ》なものを楽しめる環境にあります。そのため、母親が一所懸命に調理を工夫し、子供の嫌いな食材を食べさせる例は少なくなっています。このことは、女性の社会進出とも無関係ではないでしょうが、いずれにしても食育は、体格や体力を養う体育とも密接な関係があります。

子供たちの健全な思考と健全な肉体を育むことは、日本の未来に向けた最重要課題です。そしてその軸となるのが、四育なのです。私たちは、四育の重要性を改めて認識しなければなりません。

西郷どんの言葉に思う

■時代を超えて示唆を与える言葉

二〇一八年に放映されたNHK大河ドラマ『西郷《せご》どん』を視聴された方も多いと思います。

江戸城の無血開城により江戸の町を火の海から救った偉業をはじめ、江戸末期から明治初期に遺した西郷隆盛の足跡はあまりに偉大です。改めてその言葉を紐解《ひもと》いてみると、現代の日本の実情を見通すかのように重要な示唆《しさ》に満ちており、驚きを禁じ得ません。

西郷どんの遺した言葉を読み解く時、まず第一に挙げなければならないのは「敬天愛人《けいてんあいじん》」でしょう。

「道は天地自然の物にして、人は之《これ》を行ふものなれば、天を敬するを目的とす。天は人も我も同一に愛し給《たま》ふゆゑ、我を愛する心を以《もっ》て人を愛する也《なり》」

（道というものは天地自然のものであって、人はこれに則《のっと》っているものであるから天を敬うことを目的とすべきである。天は他人をも自分をも平等に愛したまうから、自分を愛する心をもって人を愛することが肝要である）

人間は、自分の生死を自分でコントロールすることはできず、天、すなわち神や自然といった人知を超えた大いなる力のもとに存在しています。

『小さな人生論4』（藤尾秀昭・著／致知出版社）に収録されている遺伝子研究

の世界的権威・村上和雄先生のお話によれば、一つの生命細胞がこの世に生を享《う》ける確率は、一億円の宝くじが百万回続けて当たるほど希有《けう》なことであるそうです。

かくも尊い命を与えてくれた天を敬い、同じく尊い命を宿した隣人を自分の家族のように愛し、他の国々ともいたわり合えば、争いごとは起こりません。この混沌《こんとん》とした社会情勢の中で、私たちは敬天愛人という言葉が示唆するものを銘記《めいき》しなければなりません。

■国の基盤となる文、武、農を立て直せ

西郷どんは、次のような言葉も遺しています。

「政《まつりごと》の大体は、文を興《おこ》し、武を振《ふる》ひ、農を励ますの三つに在《あ》り。其他《そのた》百《ひゃっ》

般《ぱん》の事務は皆此《こ》の三つの物を助くるの具也。此の三つの物の中に於《おい》て、時に従ひ勢いに因《よ》り、施行先後の順序は有《あ》れど、此の三つの物を後にして他を先にするは更に無し」

（政の根幹は学問を興し、軍備を強くし、農業を奨励するという三つのことである。その他の事柄は、この三つのものを助けるための手段。この三つの中で、時代の趨勢《すうせい》によって、どれを先にするか、後にするか、その順序の違いはあるだろうけれども、この文武農の三つを後にして、他を先にすることは絶対ないであろう）

文（教育）、武（国防）、農（農業）は、いまの日本にも通じる重要テーマであり、西郷どんの慧眼《けいがん》に感服させられます。

一番目の教育において、日本は近年大きな誤りを犯してしまいました。ゆとり教育の導入により、習得する学問の分野が非常に狭くなり、とりわけ優れた見識を養うリベラルアーツ（一般教養）が大幅に削減されたことは、憂慮《ゆうりょ》すべきことです。

近年驚くべき進化を遂げつつあるＡＩは、二十四時間、三百六十五日、休むことなく知見を吸収し続け、知識の習得において人間はとても太刀《たち》打ちできません。ＡＩにはない人間の強みを生かし、先の見えない時代に的確に対処できるような、優れた判断力を養う教育が求められます。

二番目の武について言えることは、自分の家を守ることを他人任せにする人がいないように、自分の国は自分で守らなければならないということです。しかしながら、平和ボケした日本は国防の意識に著《いちじる》しく欠けており、財政こそ世界でもトップクラスにありながら、その規模に見合った国防の態勢が敷《し》かれていません。緊迫する半島情勢などを鑑《かんが》みて、有事に対応できる国づくりを早急に進めていく必要があります。

三番目の農についても、日本は現在食卓に上る食物の多くを海外に依存しているのが実情です。G7の食料自給率を見ると、一位のカナダが二百二十三％であるのに対して、日本は最下位で三十八％しかありません。

西郷どんの言葉はこのように、いまの日本が抱える問題を次々と浮き彫りにしていきます。この偉大な先人の言志《げんし》を、私たちは改めて心に刻み、新しい時代に道を切り拓《ひら》いていかなければなりません。

読書と人生

■読書習慣をつけてくれた母

私に読書の習慣をつけてくれたのは、母でした。物心のついた幼稚園時代には『キンダーブック』や『グリム童話集』『アンデルセン童話集』を、小学校時代には『小学一年生』から始まる学習誌、『少年倶楽部』などの少年雑誌、単行本では佐藤紅緑《こうろく》の『あゝ玉杯《ぎょくはい》に花うけて』や宮沢賢治の『風の又三郎』などを買い与えてくれました。

終戦後、まだ本というものが少なかった頃、「これを読みなさい」と母が渡してくれたのは『国性爺合戦《こくせんやかっせん》』の子供版でした。

高校時代は、吉川英治の『三国志』『私本太平記』『新・平家物語』などの歴史小説を読み耽《ふけ》りました。吉川英治の作品はいずれも状況描写に優れ、語彙《ごい》が豊かで、まさに歴史小説の王者の感があります。高校の図書館で吉川英治の作品を次から次へと借りていると、担任の先生から「もう少し受験勉強をしてはどうか」と注意されたものです。

大学に進学してからは、ケインズの『雇用・利子および貨幣の一般理論』やマルクスの『資本論』、『マックス・ヴェーバー研究』など、経済学の学術書を手にしました。ケインズの一般理論はいまも私の書棚に眠っています。

母の書店通いは私の大学時代も止むことがなく、『中央公論』『改造』『リーダーズ ダイジェスト』、それにどういうわけか『婦人公論』『男子専科』を私の下宿先へ月々送ってくれたものです。

■人生や経営の処し方を教えてくれた本

経営に携わって影響を受けたのは、ジェームズ・C・コリンズ他著の『ビジョナリー・カンパニー』シリーズです。中でも「時を告げるのではなく、時計をつくる」という章は、企業経営におけるガバナンスの重要性を教えてくれました。私自身、その学びをもとにアサヒビールやＮＨＫでガバナンス改革を実行してきました。

ビジネスに携わる人間としての身の処し方を教えてくれた本には、ロンダ・エイブラムズの『きれいなパンツをはきなさい　母に学ぶビジネスの知恵』があります。人が見ているか見ていないかに関係なく、正しく身を処する人間になってほしいと説かれています。マイケル・サンデルの『それをお金で買いますか　市場主義の限界』も考えさせられることの多い書です。また、工業デザイナーである水戸岡鋭治《えいじ》氏の『あと1%だけ、やってみよう　私の仕事哲学』には深い共感を覚えました。

人生における時間の大切さを改めて教えてくれた本には、佐治晴夫氏の『14歳のための時間論』があります。「あなたの『これから』があなたの『これまで』を決める」という一節には、先の長い若者の失敗は挽回のチャンスが多く、失敗を怖れず挑戦しなければいけないが、晩年の失敗はこれまでの功績を損ない晩節を汚《けが》すことになる、という教訓を得ることができました。

美しい言葉は読書から生まれる

これまでの読書体験の中でも特に印象に残った本は、遠藤周作の『沈黙』です。〝踏絵《ふみえ》〟を描いたこの作品の終章で、銅板の中のイエスは司祭に向かって言いました。

「踏むがいい。お前の足は今、痛いだろう。今日まで私の顔を踏んだ人間たちと同じように痛むだろう。だがその足の痛さだけでもう充分だ。私はお前たちのその痛さと苦しみをわかちあう。そのために私はいるのだから」

と。それまで信徒の迫害にも銅板の人は沈黙を続けていただけに、信徒は「救われた」と思ったのです。

感動した私は、『沈黙』の舞台となった長崎市外海《そとめ》にある遠藤周作文学館を訪ねました。近くの出津《しつ》文化村には「沈黙の碑」が建立されており、「人間がこんなに哀しいのに主よ海があまりに碧《あお》いのです」と刻まれていました。出津の集落から望む角力灘《すもうなだ》の水平線は空と海とが溶け合って定かではありませんでした。

本にはそれぞれの顔があります。タイトルや表紙の装丁など、書店や図書館で様々な顔を見ていると、つい手を出したくなるし、心豊かになるものです。

私の書棚には、「そのうちゆっくり読もう」と思っている「積《つ》ん読《どく》」の本が多くあります。森信三先生の『修身教授録一日一言』（致知出版社）によれば、「書物というものは、ただ撫《な》でるだけでもよいのです」「それだけその本に縁ができるからです」とあります。私の積ん読を認めてくださる一節です。

『致知』別冊の『母（VOL．3）――子育てのための人間学』に掲載の土屋秀宇《ひでお》氏と陰山《かげやま》英男氏の対談の一節に、「美しい心は美しい言葉から生まれる」とあります。これに一文を加え、「美しい心は美しい言葉から生まれる。美しい言葉は読書から生まれる」が、たくさんの良書に導かれてきた私の実感です。

第二章

置かれた場所で輝く人に

出藍の誉れ――人を育てる

■部下には自分にできないことを求めよ

「青は藍《あい》より出《い》でて藍よりも青し」

弟子が師を凌《しの》ぐほどに成長を遂げることを表した荀子《じゅんし》の言葉であり、「出藍《しゅつらん》の誉《ほま》れ」の成句でもよく知られています。

アサヒビールに入社して十三年目、私は配属先の名古屋支店で販売第二課長を拝命し、初めて管理職になりました。当時支店長を務めておられた本田博さん（後の三ツ矢フーズ初代社長）から、「君はどういう心掛けで課長職に臨むつもりだ？」と問われ、私が「自分のできることは徹底して部下に求めますが、自分にできないことは求めません。それは卑怯《ひきょう》だと思います」と答えると、本田さんは「君は管理職失格だ」と窘《たしな》め、次のように諭してくださいました。

「自分にできることだけを部下に求めるなら、部下は〝スモール福地〟ばかりになり、組織は強くならない。私は営業一筋で、他の仕事を経験したことはないが、いまは支店長として全体を見ている。自分にできないことを求めて部下を成長させることこそが、管理職の務めだ」

これは、管理職として部下育成を真剣に考えるきっかけになった忘れ難い教えであり、私のビジネス人生を貫く指針となりました。

管理職たる者、自分を凌ぐような優れた部下を育てなければならない。私は部下指導に迷う度に、本田支店長の姿と「出藍の誉れ」の言葉を反芻《はんすう》し、自分を奮い立たせてきました。

■人生意気に感ず

親は子が偉くなることを喜びます。しかし、上司の中には部下の出世を素直に喜べず、伸びようとする部下に蓋《ふた》をする人もいます。「出る杭《くい》は打たれる」という言葉がありますが、出る杭は大いに伸ばしてほしいというのが私の願いです。

ただし、伸びることと、何でも器用にこなすことは別です。何でも器用にこなす切れ者の部下は、紙は切れても大木を斬ることはできない。つまり大成しないのです。厳しい試練を乗り越えていける器の大きな部下を育ててこそ、優れた上司といえるでしょう。

かつて、キャプテンとして東芝ラグビー部を全国優勝へ導いた富岡鉄平氏は、選手を褒《ほ》めて育ててこられたといいます。「人の悪いところはすぐ目につきますが、よいところは探さなければ見つからないものです」という言葉が印象的でしたが、人を褒めるということは確かに難しいものです。

私は、褒める時は人前で、叱《しか》る時は人陰でということを心掛けてきました。

日本人は農耕民族であり、集団で行動をする中で恥の文化を醸成《じょうせい》してきました。人前で叱られた人は、表向きは従順を装っていても、腹の中ではそのことを恥に思い、心の底から納得し難いものです。ゆえに、叱る時にはなるべく人のいない所へ呼び、逆に褒める時には皆の前でそれを行えば、部下も奮起してくれるものです。

加えて、叱ることと、怒鳴《どな》る、苛《いじ》めるの違いも弁《わきま》えておかなければなりません。怒鳴ることは単なる鬱憤《うっぷん》晴らしであり、苛めることは人を害します。部下の過ちを正すことが、叱ることの本来の目的です。

私は母校の小倉高校を卒業する時、恩師の高尾為彦《ためひこ》先生からいただいた「人生意気に感ず」という言葉を座右の銘として大切にしてきました。相手のことを心から思い、真剣に向き合えば、意気に感じて成長してくれるものです。部下を抱える管理職の方々には、ぜひともそのことを心に刻んでいただきたいと願っています。

アンサング・ヒーローに拍手を

■ヒーローの陰で奮闘する人々

二〇二一年には東京オリンピック・パラリンピックが開催されました。金色に輝くメダルを胸に、晴れやかな表情で日の丸を見上げ、君が代を歌う日本人選手の姿を何人も見ることができました。

しかし、こうしたヒーローたちの背後には、多くの「アンサング・ヒーロー」(unsung hero)たちがいることを忘れてはなりません。

アンサング・ヒーローとは、直訳すれば「歌われない英雄」ですが、私はこれを「縁の下の力持ち」と解釈しています。

一九九八年春、新国立劇場の開場記念公演として、オペラ『アイーダ』が上演されました。その豪華絢爛《けんらん》な舞台は、以来五年ごとの周年記念に繰り返し上演され、多くの喝采《かっさい》を集めてきました。

十五周年の記念公演の際、同劇場の理事長を務めていた私が、本番を前に舞台裏を視察して強く印象に残ったことがあります。主要キャストのラダメス将軍が身につける数々の胸章は重い金属製で、兵士が手にして凱旋《がいせん》行進をする旗幟《きし》もとても重いものであったのです。

舞台の上だけとはいえ、少しでも本物に近づけようという努力がそこに見受けられました。本物に近いものを身につけることによって、舞台上の役者がそれだけ真剣に演じることができるのです。

理事長在任中は、オペラ『イル・トロヴァトーレ』の舞台裏も視察しました。その時には何人かの女性スタッフが、俳優たちがかぶるフェルトの帽子を使い古しに見えるようにわざと毛羽《けば》立てていました。たとえ観客席からは判別できなくても、本物に近づけるための強いこだわりが窺《うかが》えて感じ入りました。

見えないところにも心を配る日本人

私はアメリカンフットボールが好きでよく観戦に行きます。アサヒビールシルバースターを応援しに、しばしば東京ドームへ出かけたものです。試合で目を引くのは、タッチダウンを決めるクォーターバック、楕円《だえん》球を抱えて疾走《しっそう》するランニングバック。いわゆるヒーローたちの姿です。

一方で、スタンドの最上段から敵チームのフォーメーションを読み取り、フィールドにいるコーチ陣に伝えるアナライジング・スタッフは、決して華やかな表舞台に出ることはありません。しかし、彼らアンサング・ヒーローたちの存在が、競技の舞台を、そしてスポーツをより充実したものにしていると思うのです。

ここまで記してきて思い至るのは、衣食住の全般にわたり、人の目の届かないところにも心を配る私たち日本人の習性です。

衣については、〝裏地に凝る〟という点です。和服、洋服を問わず、立派な裏地をつけることは、他人には見えなくとも自分自身の心を豊かにしてくれます。

食については〝隠し味〟です。レシピに記されていない隠し味を加えることによって、料理は一段と引き立てられます。

住については、いわゆる〝水回り〟の充実です。門構えや玄関、応接間などは誰もが気を使う場所です。しかし日本人は、台所やトイレといった普段あまり人目に触れることのない水回りにまで気を馳《は》せることで、快適な生活空間をつくり出してきました。

これらは、日本人の優れた美徳ではないでしょうか。

舞台芸術を裏から支える人々に贈られる「ニッセイ・バックステージ賞」というものがあります。優れた舞台を陰で支えた縁の下の力持ちを称える賞です。

どんな分野にも〝縁の下の力持ち〟がいることを忘れてはなりません。人知れず奮闘するアンサング・ヒーローたちに、心からの拍手を送ろうではありませんか。

ナンバーワンよりオンリーワン

■日本は〝独自の戦略〟を追求せよ

二〇〇三年秋、長崎大学経済学部の同窓会、瓊林会《けいりんかい》の会長を務めていた私は、同窓会設立百周年の記念行事の一環として日本銀行の福井俊彦総裁（当時）に学生への特別講義をしていただきました。

記念事業として何らかの建物を贈ることも考えましたが、固定資産は年が経てばやがて不良資産となります。しかし、知的資産は使えば使うほど増殖する。「そうだ、形に残る贈り物より、心に残る贈り物にしよう」と考え、特別講義を企画したのです。

早速有力企業や地元自治体のトップにお願いに上がり、十七名の方にご快諾をいただきました。その顔ぶれは、福井総裁、トヨタ自動車の張富士夫《ちょうふじお》副会長、東芝の岡村正社長など、実に錚々《そうそう》たるものでした（肩書はいずれも当時）。

どなたのお話も素晴らしいものでしたが、とりわけ福井総裁のお話は、私自身の体験に照らして強く共感するものがありました。その内容は概《おおむ》ね以下の通りです。

「戦後の日本産業は、先端技術を軍事用ではなく、民間レベルで活かしてきました。欧米諸国と比べ、これが日本の産業技術の一つの大きな特徴でした。そして、いまや日本ほど新しい技術を日常生活の隅々にまで行き渡らせている国はないと思います。

こうした〝独自の戦略〟が、日本にとって今後ますます重要なキーワードになります」

そして福井総裁は、人気グループSMAP《スマップ》のヒット曲『世界に一つだけの花』の歌詞を引き合いに、これこそが〝独自の戦略〟と結論づけられたのでした。

♪どうしてこうも比べたがる？
一人一人違うのにその中で
一番になりたがる？
そうさ　僕らは
世界に一つだけの花
一人一人違う種を持つ

その花を咲かせることだけに
一生懸命になればいい
（中略）
小さい花や大きな花
一つとして同じものはないから
NO.1にならなくてもいい
もともと特別なOnly one

我が国は、独自のものを多く持っています。

漢字は、その名のごとく中国からの表意文字ですが、ひらがなやカタカナなどの表音文字は、日本独自のものです。また、刺身、寿司など、新鮮な魚介類を生で食べる食文化は、四方を海で囲まれた日本固有のものといえます。他にも、日本の独自性を示す事例を挙げていけば枚挙に遑《いとま》がありません。

しかしその一方で、情報手段の驚異的な発達によってあらゆるものが東京的となり、地方が消えつつあります。里山がなくなり、熊や鹿や猿が人里にまで現れています。「兎《うさぎ》追いしかの山　小鮒《こぶな》釣りしかの川」と、童謡に歌われた風景はもはや歌詞の世界でしかありません。地方の文化を象徴する方言を使う若者も少なくなってきました。

福井総裁の説かれた〝独自の戦略〟の逆を行くいまの日本の趨勢《すうせい》に、私は一抹の寂しさと危惧《きぐ》の念を抱いています。

■誰もが持っている世界に一つだけの花

ます。

「ナンバーワンよりオンリーワン」は、そのまま企業経営にも当てはまります。

アサヒビールがスーパードライを発売して大ヒットした時、これに追随して世界三十数か国ものビール企業がドライビールを発売しましたが、数年のうちにすべて消え去りました。似たものはつくれても、スーパードライの旨さの源泉である酵母までは真似できなかったからです。

スーパードライの酵母は、コクがあってキレがあるという、それまでのビールになかったテイストを追求して生み出した門外不出、唯一無二の酵母なのです。途轍《とてつ》もなく険しい道のりでしたが、オンリーワンの道を歩んだことは間違いではなかったのです。

私はこの成功体験を、後に携《たずさ》わったＮＨＫや新国立劇場の経営にも活かしてきました。

ＮＨＫでは、視聴率のトップを目指すより、よい番組づくりに注力しました。オンリーワンのＮＨＫらしい番組さえつくれば、自《おの》ずと視聴率も上がってくると考えたのです。

新国立劇場では、国庫補助削減という厳しい現実の中で上演作品の質を守ることに腐心。本数を厳選することで一作当たりの制作費を維持し、ユニークで見応えのあるプログラムづくりに邁進《まいしん》しました。

こうした経験を踏まえて実感しているのは、オンリーワンを追求することこそが、ナンバーワンへの近道だということです。

どんな企業も個人も「世界に一つだけの花」を持っています。それぞれの道のオンリーワンを目指して、一所懸命に歩んでいこうではありませんか。

小さな歯車——組織を動かす原動力

■与えられた場で持てる力を最大限に発揮する

人はそれぞれが社会という一つの組織の中で生きています。そして組織では、大小様々な歯車が相互に関わり合って動いています。たとえ小さくても、その歯車がなければ組織は動きません。逆に大きな歯車は、それを動かすのにそれなりの力（能力）がいります。要は、大きな歯車だけが重要ということではなく、皆重要だということです。

本書の第四章でも紹介している「水の惑星に生きる」の「アサヒの森」

は、東京から遠く離れた中国地方に位置し、アサヒビール社員僅《わず》か四人の小さな組織で、ビール飲料とは切り離せない水のために森を育てるという悠久の仕事に携わっています。たとえ小さな歯車ではあっても、組織全体にとっては紛れもなく重要な歯車なのです。

以前、小さな組織に転勤になった人が、「自分は左遷になった……」と嘆いているのを聞いたことがあります。しかし、いまの企業に不要な歯車を持つ余裕などなく、左遷の組織など存在しません。すべて必要な歯車であることを自覚し、赴任先で持てる力を最大限に発揮すべきです。

私自身、入社時から十年近くは小さな小さな歯車でした。私のような小さな歯車など、あってもなくても企業という大きな歯車の動きに全《まった》く影響しないのではないか、と寂しく思ったこともありました。

しかし、私のような小さな歯車が皆同じ思いを抱いてしまえば、企業体という大きな歯車は動きをなくしてしまう。そう思い直し、たとえ小さな歯車であっても自分に与えられた機能を精いっぱい果たすべく、決意を新たに目の前の仕事に一所懸命打ち込んでいったのです。

■一人ひとりが同じ目標に向かって動く大切な歯車

かつて新国立劇場の理事長を務めていた頃、総務部門に属していた社員が製作部門に転任になったと挨拶に来ました。「これまで経験したことのない部門ですが、とにかく努力してみます」という彼に対して、私はこんな励ましの言葉を贈りました。

「半世紀もの間ビール事業一筋に携《たずさ》わってきた私も、まさか自分がＮＨＫの会長や新国立劇場の理事長に任命され、放送事業や劇場経営に携わることなるとは思ってもみなかった。しかし、たとえ未経験の仕事であっても、きっと失敗すると思って任命されることはないはずだ。

君が転任先でどれだけ成功するかは、君自身の器量と努力次第。新しい部門での活躍を期待する」

後日談になりますが、いま彼は常務理事として劇場の経営に腕を振るっています。

私は、他人から新しい仕事を頼まれた場合、まず引き受けることにしてきました。彼に依頼すれば、成功するか否かは別として、大きく失敗することはないはず、と期待されているのだろうと思うからです。

過日、某百貨店の時計修理部門に立ち寄った際にとても興味深いお話を伺いました。

標準的な腕時計は、何と数十から数百の歯車が関わり合って一つのメカとして機能しており、一つの歯車でも不備が生じれば時計全体が止まってしまうというのです。これは、企業という組織体でも同じことがいえます。一人ひとりが同じ目標に向かって動く大切な歯車なのです。

組織は大きな歯車と小さな歯車がうまく噛み合った時、円滑に動きます。一つとして不要な歯車はないことを心に刻み、自分の置かれた場所で、自分の務めを精いっぱい果たしていきたいものです。

第三章
幸せのありか

こころとかたち

■こころはかたちを求め、かたちはこころをすすめる

「心だに誠の道にかなひなば祈らずとても神や守らん」

菅原道真《みちざね》の作と伝えられるこの歌を私の母は生前よく口にしていました。

母は毎朝三時過ぎに起床し、神棚や井戸端の水神様、仏壇などに茶湯、米飯をお供えするのが日課でしたが、神仏に手を合わせる姿はついぞ見たことがありません。しかし信仰心は人一倍篤《あつ》く、ご先祖様を心から敬っていました。

一方の父は、極めて熱心な日蓮宗の信者で、朝夕の朗々とした読経《どきょう》の声は僧侶を凌《しの》ぐほどのものでした。

東京都台東区の某仏具店の看板に、「こころはかたちを求め、かたちはこころをすすめる」とあります。こころは神仏を敬う心、かたちは神棚や仏壇を指しているのでしょうか。かたちを整えることによって、神仏を敬うこころが養われることを説いているように思われます。

これを踏まえて両親の姿を振り返れば、父の信仰はかたちの後でこころに至り、母の信仰はこころを大切にしていたことが実感されます。

思いがけないところで、人間の生き方、さらには経営のあり方にも示唆を得た気がして、この言葉は深く印象に残っています。

■かたちだけは立派になったが……

いまの我が国は、かたちにおいてはあらゆる方面で整ってきたといえるでしょう。しかし、かたちに伴うこころをどこかに置き忘れてきてはいないか、と私は憂慮しています。

サッカーや野球の国際試合では、顔に日の丸を描き、必勝と書かれた鉢巻きを締めた若者たちが「ニッポン、ニッポン」と連呼する姿をよく見かけます。しかし彼らには、自分の国を自分で守ろうとする愛国心はあるでしょうか。スタジアムで大きな旗を振りながら熱狂的な声援を送る彼らの中に、自分たちを育《はぐく》んでくれた郷土の〝かたち〟に愛着を持ち、郷土愛という〝こころ〟を育んでいる人がどれほどいるでしょうか。

企業においても、売上高や利益水準などの経営数値はかつてとは比べものにならないくらいに大きくなりましたが、企業統治の不良や検査不正は後を絶ちません。自分が求めて入った企業を愛する〝こころ〟が希薄になっているところに、その真因があるように思います。

教育においても同様です。キャンパスという〝かたち〟だけは立派になりましたが、教育内容という〝こころ〟が近隣諸国や諸外国と比較して著しく劣っていることは、統計資料の示す通りです。知識はもとより、人格を育み、人間をつくる教育は欠如していないでしょうか。

家庭も例外ではありません。家屋は総じて立派になったものの、肝心の家庭がなくなった現状では、三世代同居という言葉も虚《むな》しく響くばかりです。私の母は『あゝ玉杯に花うけて』『風の又三郎』といった少年小説を買い与えるなどして私の〝こころ〟を育んでくれ、父はご先祖様を敬う

〝こころ〟の大切さを教えてくれました。親は子を大切にし、子は親を敬う。家庭の〝こころ〟はどこへ行ってしまったのでしょうか。

国を愛するこころも、自分たちを育んでくれた郷土を愛するこころも、職場を愛するこころも、母校を愛し先生を尊敬するこころも、祖父母や両親に感謝するこころも、子や孫を慈《いつく》しむこころも希薄になってきているいま、私たちは〝かたち〟と同様に〝こころ〟も大切にしなければないことを、胸に刻まなければなりません。

出会い――そこには共感と感動がある

■出会うことによってのみ得られる感動

私の書斎に、書家の幕田魁心《まくたかいしん》氏が揮毫《きごう》された「一期一会《いちごいちえ》」の額がありま
す。

一期一会は茶道の心得で、目の前の客とは一生に一度しか会わないもの
と思い定め、心を込めて茶を点《た》てよという戒めです。

私は福岡県立小倉高等学校卒業の折、恩師の中村敏郎先生からこの言葉
を贈られ、以来座右の銘として心に刻んできました。

「袖振《そでふ》り合うも多生《たしょう》の縁」という諺《ことわざ》がありますが、私はこれまでの人生の中で人との出会いを大切にしてきたつもりです。

仕事柄、結婚式に招かれる機会や媒酌《ばいしゃく》人を務める機会も少なからずありますが、その折の祝辞に、

「お二人の出会いは悠久《ゆうきゅう》の時の流れの中では、また限りない宇宙の広がりの中では、偶然の中の偶然のように思われますが、お二人は出会うべくして出会ったのであり、まさに必然の出会い、一期一会の出会いなのです」

と述べることにしています。

人と人が実際に出会い、目と目を合わせながら話し合う時、共感や感動が生まれます。「目は口ほどに物を言う」という諺は、出会いの中でのみ通用する表現と言えるでしょう。直接会って相槌《あいづち》を打ったり、表情や動作

を交わしたりすることで、人と人はより深いコミュニケーションを図ることができるのです。

昨年（二〇一九年）四月、隅田川を見下ろすアサヒビールのゲストルームで、我が母校・長崎大学経済学部の面々とジョッキを傾けながら久方ぶりに歓談し、時間を超えて学生時代の話題で盛り上がりました。そこにはまさしく、出会うことによってのみ得られる喜びや感動がありました。

■鬼が金棒に振り回される滑稽さ

最近は、出会うという言葉を口にすることも、出会いの機会そのものも少なくなりました。それは、スマートフォンなどの通信機器の革命的な発達により、直接対面する必要性が少なくなったからですが、通信機器は本来、人と人とのコミュニケーションを円滑にするために開発されたものであったはずです。

しかし、これが犯罪に悪用されたり、また厚生労働省の調査によれば多くの時間がゲームやインターネットに費やされたりするなどして、逆に人と人との出会いの機会が失われてしまっています。

「鬼に金棒」という諺があります。金棒という通信機器をうまく使えば、人と人との出会いの機会も増え、たくさんの共感と感動が生まれる可能性があるにも拘《かかわ》らず、いまは逆に通信機器の発達が出会いの機会を奪っているのが実情ではないでしょうか。

その昔、『君の名は』というラジオドラマがありました。放送時間になると、銭湯の女湯ががら空きになると言われたほど熱狂的な人気を集めた「すれ違い」のメロドラマです。携帯電話の普及、さらにはスマホの位置情報によって「すれ違い」という言葉すらなくなったいまの時代では、考えられないドラマといえます。鬼が金棒を使いこなせず、逆に金棒に振り回される鬼の姿がそこにあります。

『致知』でもお馴染《なじ》みの教育者・森信三先生は説きます。

「人間は一生のうち逢うべき人には必ず逢える。しかも一瞬早過ぎず、一瞬遅すぎない時に――」

折からの新型コロナウイルスの蔓延《まんえん》は、出会いの機会をますます少なくしてしまいました。こういう時期だからこそ一度立ち止まり、出会いの尊さについて改めて考えてみようではありませんか。一期一会の言葉を心に刻んで。

しあわせは微笑みと共に

■しあわせとは何か

「しあわせ」は、「仕合わせ」とも「幸せ」とも書かれます。

「仕合わせ」という言葉が使われるようになったのは室町時代で、良きにつけ悪しきにつけ「巡り合わせ」を語源とするといわれます。それが江戸時代に至って、幸運な事態を「仕合わせ」と言い始めたようですが、定かではありません。

一方の「幸せ」という表記は、「幸」という漢字から変遷《へんせん》して用いられるようになったとも聞きます。

かつて、アサヒビールの社外取締役から、「アサヒビールには技術的な研究所はあるが、生活文化に関わる研究所がない」とのご指摘を受けたことがあります。そこで、ビール・飲料メーカーとして生活文化に関わるに相応《ふさわ》しい東京・青山の地にアサヒビール生活文化研究所が設けられました。そして生活文化の研究テーマの一つが、〝しあわせ研究〟でした。

二千人余のご協力を得て調査した結果、最も多かった回答は、しあわせとは「家族との深い絆《きずな》」「家族の健康」など、「家族」をキーワードとするものでした。環太平洋の民族の間では、「家族」が大切な国民性となっているようです。

その他では、「異性との良好な関係」「恵まれた容姿」「社会的に認められる」「企業で地位が上がる」「物欲、金銭欲」「生活のゆとり」など多岐にわたりましたが、中には「幸福探しをせず、しあわせ感は希薄」と俗離れした仙人的な回答もありました。

■しあわせは心の持ちようで決まる

文献でどのように語られているか興味を持った私は、図書館に立ち寄ってみましたが、「しあわせ」「幸福論」に関する蔵書は何と二千数百冊に及びました。中には調査と全《まった》く逆の論述もありました。

バートランド・ラッセルは『幸福論』の「家族」の章において、過去から私たちに伝わってきたあらゆる制度のうちで、今日、家族ほど混乱し脱線しているものはないと記しています。

「両親の子供に対する愛情と、子供の両親に対する愛情は、幸福の最大の源の一つとなりうるのに、実のところ、現代では、親子の関係は十のうち九までは、両者にとって不幸の源になっており、百のうち九十九の場合、少なくとも一方にとって不幸の源になっている」

私は日本人として、家族の絆が幸福の重要な要因であると信じたいところです。

また、カール・ヒルティの『幸福論』では、

「ひとが意識に目ざめた最初の時から意識が消えるまで、最も熱心に求めてやまないものは、何といってもやはり幸福の感情である」

と述べられています。

それほど「しあわせ」「幸福」ということは我われ人間にとって大切な要素であるのに、世界は戦争に明け暮れ、家族が離散したり、その日の食にさえありつけない人が何と多いことでしょうか。

作家の加賀乙彦《おとひこ》氏は、『不幸な国の幸福論』の中で、幸福を定義してはいけないと書かれています。確かにそういうものかもしれません。幸福感は人によって千差万別です。

ノートルダム修道会のシスター、ジャンヌ・ボッセさんは著書の中で、

「悲しいことやつらいことがあっても、そのあとにしあわせはやってくるのです。泣いて過ごす日があっても、それがずっと続くわけではないのです。しあわせは、涙のあとにきっと届くのですから」

（『しあわせは涙のあとに届くもの』）

「いつも微笑《ほほえ》んでいましょう。当たり前のことにも感謝しましょう。小さなことにも大きな喜びを見つけましょう」

（『しあわせは微笑みが連れてくるの』）

と述べておられます。「笑う門には福来たる」という日本の諺にも通じ

るものがあり、大変共感を覚えます。

日本人は、いわゆる〝中流〟が多くを占めています。上を見てもキリがない。下を見てもキリがない。「しあわせ」は、その人その人の心の持ちようで決まる、と私は信じています。

お金で買えないもの

■それはお金で買えますか

生命ほど崇高《すうこう》なものはありません。

この世に生を享《う》ける時も、この世を去る瞬間も、自分の意思は働きません。また、自分より先にも、自分より後にも、自分の〝いのち〟はありません。たった一つ限りの〝いのち〟なのです。その〝いのち〟は、果たしてお金で買えるでしょうか。

いまや市場万能主義が行きわたり、もはやこの世のもので、お金で買えないものは極めて少なくなりました。

私がＮＨＫ会長を務めていた二〇一〇年四月、同局で『ハーバード白熱教室』という番組が全十二回にわたって放映されました。講師はハーバード大学で政治哲学の教鞭《きょうべん》を執っておられるマイケル・サンデル教授で、五回目の講義内容が「お金で買えるもの　買えないもの」でした。

我が国でも福岡の西南学院大学でサンデル教授による白熱教室が開催され、私は講義終了後にサンデル教授にお目にかかる機会を得ました。素顔の同教授は、白熱とは程遠い温厚な方でした。

サンデル教授によれば、南北戦争の折、北軍に招集された鉄鋼王アンドリュー・カーネギーは、彼の年間の葉巻代よりも安い金額で代理兵を雇ったといいます。富裕層が兵役義務を低所得層に押しつけた、いわゆる傭兵《ようへい》制度です。

ソマリアやパキスタンでも傭兵制度は存在するといいます。自分の祖国でもなく、自分の故郷でもない土地で、〝いのち〟を失うかもしれない兵役の義務を全《まっと》うできるものでしょうか。もちろん愛国的価値観も、国を守るという義務感もありません。そこには殉《じゅん》ずるべき大義は一切存在しません。

■すべてが売り物になることで生じる問題点

ハーバード大学の学内紙『クリムゾン』に、卵子提供を募る広告が掲載されたそうです。応募条件として、知的で運動神経がよいこと、併せて大学進学適性検査のスコア提出が求められました。報酬は、卵子一個につき五万ドルといいます。

インドでは妊娠代行サービスがあるといいます。妊娠・出産できない女性がお金を支払い、受精卵を提供すると、代理母の子宮に移植して出産するのです。しかし、自分の出自を知った子供は、受精卵を預けただけの女性を素直に「お母さん」と呼べるのでしょうか。

我が国でも少子化対策の一環として、第三者の精子を用いた不妊治療が検討されています。しかし、そのような背景で生を享けた子供が自らの出自を知る権利の保全など、解決すべき課題は多いようです。

サンデル教授はすべてが〝売り物〟になることで、〝不平等〟と〝腐敗〟という問題が生じると説いています。不平等は、お金を持つ者だけが様々な機会に恵まれるようになるということ。そして腐敗については奴隷制を引き合いに、人間という尊い存在までもが利益を得るための道具に貶《おとし》められてしまうことを示唆《しさ》しています。

数少ない〝お金で買えないもの〟として、名誉、親友、ボランティアなどが挙げられます。徳もここに含まれるでしょう。私の父が米寿を迎えた折に書き記した色紙には、「積善の家に余慶《よけい》あり」とあります。また『論語』には、「徳は孤《こ》ならず、必ず鄰《となり》有り」と説かれています。

果たしていまの日本で、徳を積むことの尊さがどれほど理解されているでしょうか。

私たちは、〝お金で買えないもの〟をもっともっと大切にして生きていかなければなりません。

第四章

日本人に生まれて

水の惑星に生きる

■豊かな水資源の源になるもの

私は二〇一九年春、かねて念願であった北アフリカのモロッコを訪れました。

現地で利用した列車やバスでは、車窓に広がる草原の美しさに目を奪われ、時の経つのも忘れて見入ったものです。

ところが、そこには時折木立《こだち》こそ見かけるものの、木々の密生した林や森は一向に視界に入ってきません。それゆえに陽光に輝く小川も滔々《とうとう》と流れる大河も、ついぞ目にすることはなかったのです。この地方の水資源はいったいどうなっているのだろう。異国の情緒を楽しみつつも、私の心には素朴な疑問が残りました。

当社（アサヒビール）は、広島県の庄原《しょうばら》市と三次《みよし》市に広がる山林「アサヒの森」を、七十年以上にわたり所有・管理してきました。東京都の千代田区と中央区の合計面積に匹敵する二千百六十五ヘクタール、十五の山々からなる杉と檜《ひのき》などの山林で、七十五％が人工林、二十五％が自然林です。私が社長時代に植林した小さな檜の苗が、相談役に退いて再び訪れた際に十メートルにも育っているのを見た時は、いたく感動したものです。

その時、現地ではちょうど四残二伐（四列を残して二列を伐採）が行われていました。杉、檜に太陽の恵みを与えるための処置です。森は適切な間伐《かんばつ》をしなければ元気に育ちません。アサヒの森では毎年百ヘクタール前後の間伐を行っており、一巡するには十五年以上を要します。

森の木々の間には清らかな水が流れています。清流は小川となり、やがて江《こう》となって河口へ向かっていく。木々の葉から滴《したた》り落ちた雨の滴《しずく》が、やがて大河となり、海へ注がれていく雄大なロマンがそこにあります。「森は海の恋人」とはけだし名言で、慌ただしい日常に埋没してしまいがちな私たちの心を、悠久《ゆうきゅう》の時の流れに誘《いざな》い、豊かな自然に恵まれた日本という国に生を享《う》けたありがたさを自覚させてくれます。

■美しい森をつくるのは私たちの大切な義務

アサヒの森には、間伐の切り株で設《しつら》えた椅子《いす》がありました。夏から秋にかけて、地元の小学生を対象に行う「アサヒ森の子塾」などの環境教育で利用するものです。こうした野外教育を通じて、次代を担う子供たちに森林の果たす役割を実感してもらい、森林の大切さへの理解を深めてもらいたいという願いがあるのです。

企業の社会的責任を果たすために、近年は森林保全を支援する企業が増えています。大切なことは、こうした取り組みを継続していくことです。私どもは、地球緑化に貢献するためにアサヒグループ環境基金「水の惑星」を設立し、株主の皆様から寄付を募《つの》っています。

アサヒの森には四人の社員が働いています。彼らはそこで、社業であるビールや飲料の製造・販売に直接関わってはいませんが、悠久の森を育むことを通じて、自然の恵み――美しい水――に支えられているアサヒグループの事業に立派に貢献してくれているのです。

新聞によれば、二〇一九年五月にご即位された新天皇陛下は、水の問題に深い関心を持っておられ、六月二日に尾張旭《おわりあさひ》市（愛知県）で開かれた「全国植樹祭」がご即位後最初の地方行幸《ぎょうこう》になりました。

日本は、豊かな水資源に恵まれた希有《けう》な国です。それはたくさんの森林を有し、国土が緑で溢《あふ》れているからに他なりません。美しい森をつくるのは、水の惑星に生きる私たちの大切な義務です。

夏にはまたアサヒの森を訪ね、この手で植樹した檜と再会するのを楽しみにしています。

美しい日本の象徴　富士を眺めて想う

■日本人に愛され続けてきた富士

私は二〇二〇年の秋、蔓延《まんえん》する新型コロナウイルスを富士山麓《さんろく》の山小屋で凌《しの》いでいました。所用があれば山を下りますが、あとは終日読書と富士の眺望を楽しむ日々を続けていました。

富士は不二、不尽とも表され、日本一高い山であり、日本一美しい山でもあります。

また、富士は神宿る信仰の山です。山頂近くにある富士山本宮浅間《せんげん》大社は、木花之佐久夜毘売命《このはなのさくやびめのみこと》をお祀《まつ》りし、垂仁《すいにん》天皇の時代に建立《こんりゅう》されたといいます。古来、参拝登山は後を絶ちません。

私たち日本人にかくも愛され、親しまれてきた富士。それは豊かな芸術に包まれた山でもあります。

「田子《たご》の浦ゆ
うちいでてみれば真白にぞ
不尽の高嶺に雪は降りける」

詠み人は山部赤人《やまべのあかひと》といわれ『万葉集』に収められた歌です。

葛飾北斎《かつしかほくさい》の「冨嶽《ふがく》三十六景」に描かれた「凱風《がいふう》快晴」は鋭角の赤富士であり、歌川広重《うたがわひろしげ》の「東海道五十三次」に収録の「原　朝之富士」と並び、浮世絵を代表する傑作として多くの人に知られています。

横山大観《たいかん》画伯の「雪中富士屏風《びょうぶ》」は鮮明な青で、雪と雲の白が金色の背景の中に浮かんでいます。

油彩は増田誠《まこと》画伯が描いた、余分なものが一切ない、ただ富士山だけの作品が好きです。某日、増田画伯の地元・山梨県都留《つる》市のミュージアム都留を訪ねた折、増田夫人に画伯の作品について種々お伺いする機会をいただきました。

文学の世界では太宰治の『富嶽百景』が有名です。太宰は、甲州御坂《みさか》峠《とうげ》の天下茶屋に籠《こも》ってこの作品を書いたといいます。

過日、その天下茶屋で生まれ育ち、いまは地元で名物の〝ほうとう〟を生業《なりわい》とされている古屋氏の案内で御坂峠に登りました。峠から眺める富士は殊《こと》の外《ほか》秀麗でした。苔《こけ》むした文学碑には「富士には月見草がよく似合ふ」と書かれていましたが、残念ながら私の目には月見草は見当たりませんでした。

■日本人の「こころ」を表す富士

富士は小学唱歌にも収められています。

♪あたまを雲の　上に出し
四方《しほう》の山を　見おろして
かみなりさまを　下に聞く
富士は日本一の山

青空高く　そびえ立ち
からだに雪の　着物着て

霞《かすみ》のすそを　遠く曳《ひ》く
富士は日本一の山

巖谷《いわや》小波《さざなみ》作詞のこの唱歌は、いまも歌われ続けています。

富士と雲とは切り離せません。富士を取り巻く雲、富士に浮く雲、富士山頂に覆い被さる雲、富士の雲ほど多様なものはないでしょう。日がな一日、雲を眺めていても飽きることがありません。

山の天気は気まぐれといいますが、富士も例外ではなく、蒼天《そうてん》に優美な山容が浮かぶ一方、里では雨粒が衣を湿らせる。いわゆる〝狐《きつね》の嫁入り〟でしょうか。

富士は尽きることのない水の恵みを与えてくれます。数千年にわたり溶岩の間に染み込んだ雨水が、青木ヶ原という広大な樹林を育て、湧水《ゆうすい》を通じて本栖湖《もとすこ》や忍野八海《おしのはっかい》へと至る悠久のドラマがそこにあります。

富士は私たちの身近なものの名称にも多数用いられています。船舶の「富士丸」、特急列車の「富士号」、果物ではりんごの「ふじ」、社名に至っては「富士フイルム」や「富士電機」など枚挙に遑《いとま》がありません。

二〇二〇年の富士山麓は四月になっても一面の雪景色で、満開の富士桜が絶景に彩りを添えていました。まだ明けやらぬ近くの木立からは、鶯《うぐいす》が幼い声で遅い春を告げていました。

日本人は富士と桜が好きです。日本の象徴ともいえる富士は、日本人の「こころ」を表しているのかもしれません。

『致知』定期購読お申し込み

フリガナ		性別　男・女	
お名前		生年月日(西暦) 年　月　日	
会社名		役職・部署	
ご住所 (送付先)	〒　－　自宅　会社（どちらかに○をしてください）		
TEL	自宅	会社	
携帯		ご紹介者	
メール			
職種	1.会社役員　2.会社員　3.公務員　4.教職員 5.学生　6.自由業　7.農林漁業　8.自営業 9.主婦　10.その他（　）	弊社記入欄	S

最新号より 毎月　冊	ご購読期間	（　）1年 10,500円(12冊) （　）3年 28,500円(36冊)	(税・送料込)

※お申込み受付後約1週間で1冊目をお届けし、翌月からのお届けは毎月7日前後となります。

FAX.03-3796-2109

郵便はがき

料金受取人払郵便

渋谷局承認

8264

差出有効期間
令和7年12月
15日まで
(切手不要)

1508790

584

東京都渋谷区
神宮前4－24－9

致知出版社

行

『致知』定期購読お申し込み方法

◉電話 **03-3796-2118**
◉FAX **03-3796-2109**
◉ホームページ
https://www.chichi.co.jp
致知 で 検索

お支払方法

●コンビニ・郵便局でご利用いただける専用振込用紙を、本誌に同封または封書にてお送りします。
●ホームページからお申し込みの方は、カード決済をご利用いただけます。

『致知』購読料

●毎月1日発行 B5版 約160～170ページ

1年間(12冊)▶10,500円(税・送料込)
(定価13,200円のところ2,700円引)

3年間(36冊)▶28,500円(税・送料込)
(定価39,600円のところ11,100円引)

お客様からいただきました個人情報は、商品のお届け、お支払いの確認、弊社の各種ご案内に利用させていただくことがございます。詳しくは弊社HPをご覧ください。

1978年創刊。定期購読者数11万人超

あの著名人も『致知』を読んでいます

鈴木敏文 氏

セブン&アイ・ホールディングス名誉顧問

気がつけば『致知』とは創刊当時からの長いお付き合いとなります。何気ない言葉が珠玉の輝きとなり私の魂を揺さぶり、五臓六腑にしみわたる湧き水がごとく私の心を潤し、日常を満たし、そして人生を豊かにしてくれている『致知』に心より敬意を表します。

栗山英樹 氏

侍ジャパントップチーム前監督

私にとって『致知』は人として生きる上で絶対的に必要なものです。私もこれから学び続けますし、一人でも多くの人が学んでくれたらと思います。それが、日本にとっても大切なことだと考えます。

お客様からの声

私もこんなことで悩んでいてはいけない、もっと頑張ろうといつも背中を押してくれる存在が『致知』なのです。

（40代 女性）


『致知』はまさに言葉の力によって人々の人生を豊かにする月刊誌なのではないでしょうか。

（80代 女性）


最期の時を迎えるまで生涯学び続けようという覚悟も定まりました。

（30代 男性）

青の美しさ

■私が選んだ名画

好きな絵を問われて私が一番に挙げるのは、東山魁夷《ひがしやまかいい》画伯の作品です。そこには「青」に包まれた静寂があります。

いささか古い話ですが、二〇〇四年の春まだ浅い頃、日本経済新聞社主催の「東山魁夷展 —ひとすじの道—」が横浜美術館で開催されました。それに先立って日本経済新聞社より、展示作品から一点を選んで感想を寄せてほしいとの依頼を受けました。

私が迷うことなく選んだのが「曙《あけぼの》」でした。この作品は、春の京洛《きょうらく》、比叡山《ひえいざん》の山容を描いたものです。

絵画の構図は、単純なほど難しいといいます。すべてを色彩と遠近で表現しなければならないからです。

しかし東山画伯の「曙」は、五層に連なる山々の表情が、「青」を基調とする絶妙な配色によって見事な立体感を持って描かれており、カンバスから澄んだ山の空気や鳥のさえずりまで伝わってくる心持ちがするのです。

後日、私の感想をご覧になった画伯の奥様から、思いがけず丁寧なお礼状と『東山魁夷全集』が贈られてきたことは、感激の極みでした。思い出の品として、いまも自宅の書棚に大切に飾っています。

■東山魁夷の作品から伝わってくるもの

東山魁夷画伯は一九〇八年、横浜に生まれました。家族との相次ぐ死別や過酷な戦争体験を乗り越えて画業に邁進《まいしん》し、数々の傑作を生み出してきた日本画の巨匠です。

私が東山画伯の作品から受ける印象は、何と言っても「青」という色彩の美しさ、そして画面全体から醸《かも》し出される静寂、静謐《せいひつ》な佇《たたず》まいです。東山画伯の手にかかると、木枯らし舞う厳しい冬の自然も、暖かい静穏《せいおん》の世界へと一変し、寒色系の「青」からほのぼのとした温《ぬく》もりが伝わってくるから不思議です。

画伯の「曙」を見て、私は改めて青の多彩さを感じました。五つの稜《りょう》線《せん》が重なるだけの極めて簡潔な構図でありながら、それぞれの稜線が織り成す「青」は、もはや、「群青《ぐんじょう》」「紺青《こんじょう》」「紺碧《こんぺき》」「緑青《ろくしょう》」といった色彩を表現する言葉では伝え切れない美しさを持っています。

一番奥の稜線の向こうに広がる曙の空の色と、二番目の稜線に見え隠れする桜と思われる白い色。それらが、全体としては寒色系の画面にほのかな温かさを添えています。

■企業は人なり　書も画も人なり

「曙」という作品の印象を、旧知の北原龍太郎画伯に尋ねたことがあります。北原画伯は、ＪＲ渋谷駅に「ハチ公ファミリー」の壁画を遺したことでも知られる一流画家です。氏は、

「企業は人なり、書も画も人なりです。東山画伯の作品には、画伯の温厚、誠実なお人柄が表れていますす」

と語られました。芸術はすべからくその人の人柄を表していると私も思います。

日本人は「青」が好きです。「青春」「青年」「青空」「青葉」――「青」は希望と若さを象徴する色です。かつて人類初の有人宇宙飛行を行ったガガーリンは、「地球は青かった」という印象深い名言を残しました。「青」という色には、人の心に深く訴えかけるものがあるのかもしれません。

私たち日本人は、限りなく青い空の下で、周囲を青い海に囲まれた日本という素晴らしい国に生を享《う》けています。私たちは、この青という美しい色を念頭に、清らかで澄み切った心の有り様を、いつまでも変わらず大切にし続けていきたいものです。

日の丸と君が代

■日本の国柄を象徴する日の丸

♪白地に赤く　日の丸染めて
ああ美しい　日本の旗は

小学唱歌でもお馴染《なじ》みの日の丸の国旗は、別名「日章旗」と呼ばれます。

太平洋に朝日を迎え、日本海に夕日を送る我が国にとって、太陽をモチーフにしたシンプルで美しい図柄は、日本の国柄を見事に象徴しており、神代の昔から使われてきたとも伝えられています。

太陽を象《かたど》った丸は、古くは扇や船印に用いられ、江戸幕府のご城米の運送に際し、必ず船尾に日の丸の幟《のぼり》を立てて幕府のご廻船《かいせん》であることを示しました。かねて八幡船《ばはんせん》や家紋にも用いられていましたが、一八五四（安政元）年に江戸幕府が日本の船はこの幟とすることを定めたといいます。

国旗としての規定はありませんでしたが、一八七〇（明治三）年に太政官《だいじょうかん》布告により商船旗として指定されて以来、縦は横の三分の二、日の丸の直径は旗の縦の五分の三が慣例となりました。そして一九九九（平成十一）年施行の国旗国歌法により、日の丸はようやく国旗として定まったのです。

一戸建て住まいが減少し、マンション住まいが増えた都会で、祝日に国旗を掲げる家庭が少なくなってきたのは寂しいものです。

私たちは日本人として、スポーツの祭典が催される時ばかりでなく、常日頃から国旗を大切にしなければなりません。東京は吾妻橋《あづまばし》のアサヒグループホールディングスの本社ビルでは、毎朝六時から毎夕十八時まで国旗と社旗を掲揚しています。

■『君が代』は日本人の心の詩

国旗日の丸と共に、国歌『君が代』は、この上なく美しい日本国民の心の詩です。

♪君が代は　千代《ちよ》に八千代《やちよ》に　さざれ石の　巌《いわお》となりて　苔《こけ》のむすまで

『古今和歌集《こきんわかしゅう》』に収録された詠み人知らずの歌が出典とされていますが、

もともとは「君が代」ではなく「我が君」と詠まれていたといいます。いずれにせよ、天皇の治世を祝う歌なのです。

作曲は宮内庁の楽人《がくじん》・林廣守《ひろもり》によるもので、一八九三（明治二十六）年に文部省により祝日大祭日唱歌に制定された、と百科事典に紹介されています。皇紀二六八四年、西暦より六六〇年永い歴史を持つ我が国に相応《ふさわ》しい国歌だと思います。

スポーツの国際試合では、はじめに必ず国歌の斉唱が行われます。いずれの国の選手も、胸に手を当てて誇らしげに自国の国歌を口ずさむ姿がそこにあります。『星条旗よ永遠なれ』（アメリカ）も『ラ・マルセイエーズ』（フランス）も優れた国歌ですが、荘厳《そうごん》さにおいては『君が代』の右に出る国歌はないと感じます。

折からのコロナ禍《か》で、二〇二一年の東京オリンピックは残念ながら、ほとんどの会場において無観客で開催されました。晴れの日を目指して心身を鍛え抜いてきた代表選手たちの心根が思いやられましたが、皆さんよく頑張ってくれました。

荘厳さ溢《あふ》れる日本の国歌は、私たち日本人の心を打つ名曲です。新装成った国立競技場で厳《おごそ》かな『君が代』の演奏を聴きながら、掲揚台に翩翻《へんぽん》と翻《ひるがえ》る日の丸の国旗を見上げる選手の姿を見た時、私は改めて日本人としての誇りを感じたのです。

第五章

いまを大事に生きる

李下に冠を正さず

■僅か五年で消滅した名門企業

ＮＨＫ会長に就任した二〇〇八年一月二十四日、私は幹部役職員約二百名に二冊の本を提示しました。

一冊は一九九八年十二月刊行の『アンダーセン 発展の秘密』。もう一冊はその僅《わず》か五年後の二〇〇三年十二月に刊行された『名門アーサーアンダーセン 消滅の軌跡』でした。

二〇〇七年の年の瀬も押し迫った頃、ＮＨＫの会長指名を受けた私は、向こう三年間の任期に為すべきミッションについて考えました。折から不祥事が頻発していたＮＨＫにとっては、企業の果たすべき社会的責任としてのコンプライアンス・マインドを醸成することが最重要。そこで、どんなに大きな組織でも、ごく一部の部門の不祥事により消滅し得るという危機感を共有したいと考え、この二冊の本を紹介したのです。

『アンダーセン　発展の秘密』の著者・森田松太郎《まつたろう》氏は、序文に次のように記しておられます。

「一つの組織が一世紀近くにわたって存続するのも珍しいことだが、存続しながら発展を続けていくのはさらに稀有《けう》である。（中略）そもそも北欧系の移民であったアーサー・アンダーセンが一九一三年に会計事務所を創設したことからその歴史は始まった。その事務所が八五年間成長を続け、今日一一三億ドルの売上げを誇る巨大組織に育ちさらに発展を続けているのは驚異だ」

アーサー・アンダーセンがこうした偉大な発展を成し得たのは、創業の理念である「正直さと一貫性」が時代を超えて共有されていたからに他なりません。

しかしながらその理念は次第に薄れ、企業文化は変質し、時には顧客のために多角的なサービスを〝リスクすれすれ〟のところまで提供するようになりました。それが予測不能な事態にまで会社を追い込んでいったのです。

折しもアーサー・アンダーセンが会計監査を担当していたエンロン社は、業績悪化から崩壊の一途を辿《たど》っていました。アーサー・アンダーセンのオフィスでは、エンロン社の業績悪化を示す数トンに及ぶ書類がシュレッダーにかけられ、証券取引委員会の調査に必要な証拠書類が処分されていました。社員が不要な書類を処分するのはノーマルな作業であると主張したものの、エンロン社の証拠隠滅工作に荷担したと受け止められ、これが原因となって世界に八万五千人もの従業員を擁《よう》するアーサー・アンダーセンは消滅したのです。

アーサー・アンダーセンの社員は当初、この事件でいくつかのオフィスが閉鎖されても組織は存続するものと考えていました。世界八十四か国に拠点を構える巨大な国際組織が、たった一部門の不祥事によって消滅してしまうことなど、考えも及ばなかったのです。

■誠実な心をいかに醸成するか

私はこのことを踏まえ、ＮＨＫ会長在任中は法令違反はもとより、法令違反と疑わしい行為も厳に戒《いまし》めてきました。過去の不祥事で下を向いていた職員が再び胸を張って歩けるように、三年間の任期中に八十か所以上の局を行脚《あんぎゃ》し、直接対話を重ねてコンプライアンス・マインドの醸成に努めたのです。おかげさまで無事任期を全《まっと》うし、多くの職員に惜しまれつつNHKを後にできたことを、私はいまでも誇りに思っています。

ところが昨今は、鉄鋼、自動車、建設、化学など、一流企業による検査不正の報道が後を絶ちません。中には数年にわたる組織ぐるみの不正もあるといいますが、その間誰一人としてそのことに疑問を抱かなかったのでしょうか。あるいは気づいていても、これくらいであれば許されると考えていたのでしょうか。企業の果たすべき社会的責任が十分自覚されていないのではないかと疑わざるを得ません。加えて中央・地方を問わず、官僚のファジーな発言が多く見受けられることも気懸かりです。

「李下《りか》に冠《かんむり》を正さず」という言葉があります。人から疑いをかけられるような行いは避けるべきだという先人の戒めです。私たちはここで初心に返り、一点の曇りもない純白な心で歩んでいかなければなりません。日本の未来は、一人ひとりの誠実な努力によってのみ開けていくと私は信じています。

変える勇気と変えない勇気

■常識は非常識となり非常識が常識となる

いまは三次元の変化の時代――私はそう考えています。

一、あらゆる分野で例外なしに変化が起きている
二、それぞれの変化の奥行きが極めて深い
三、変化のスピードが速い

こうした三次元の変化の時代には、これまでの常識や経験則も改めて検証しなければなりません。

「我が社が、零下二℃まで冷やした樽詰生《たるづめ》ビール（エクストラコールド）を発売する」

十数年前にこの話を聞いた時、私は一瞬自分の耳を疑いました。私が六十数年前に朝日麦酒（現・アサヒビール）へ入社した当時、ビールを冷やす際には摂氏六℃から八℃くらいが適温であると聞き、それが従来の常識になっていたからです。

しかし、発売後にテストショップに並ぶ若者たちの列を見た時、「そうだ、彼らの嗜好《しこう》は変わっているのだ」と気づきました。これまでの常識は非常識となり、これまでの非常識が常識となった瞬間でした。

いまはビジネスの世界に留まらず、生活のすべての分野にわたってグローバル化が進んでいます。それに伴い「どうぞよろしく」「そこを何とか」といった、私たちがこれまで常識的に用いてきた文言も通用しづらくなりつつあります。「私なんて、とても、とても……」という日本特有の謙譲《けんじょう》の美徳だけでも何とか残しておきたい、というのがせめてもの私の願いです。

■入り易い入口には出口がない

三次元の変化の時代には、前回と同じような次回はなく、想定外の事象に次々と直面することになります。換言すれば、スパイラルな時代でもあります。したがって、「前回通りやろう」というサイクルの時代の経験則に頼ることなく、想定外を想定内に取り込む工夫が求められるのです。

私は、「より早く、もっと速く」を心掛けてきました。

「より早く」は決断です。三次元の変化の時代に判断のためにいたずらに時間を空費していては、機を逸《いっ》してしまいます。拙速《せっそく》でも構いません。早く決断することが求められます。

「もっと速く」は、仕事の処理に費やす時間をもっとスピードアップすることです。飛行機で移動していると、「当機は、ただいま対地速度毎時何キロメートルで飛行しております」という機内アナウンスが流れます。この場合の速度は、当然のことながら止まっている地面に対しての飛行機の速度です。しかし、私たちは急速に変化する環境を相手に仕事をしなければなりません。いわゆる環境速度が求められます。「変化は待ってくれない」のです。

多くの人は、いままでの行動や考え方を変えることに躊躇《ちゅうちょ》してしまいがちです。しかし、私たちを取り巻く環境が三次元の変化をしているいまは、勇気を持って変えなければなりません。

そうした中でも、変えてはならないものが一つだけあります。それは信念、企業経営における経営理念です。

「吾《わ》が道は一以《いつもっ》て之《これ》を貫く」

言わずと知れた『論語』の言葉です。自分の信じる道を曲げないということは、言うは易《やす》しでなかなかできないものです。

「本音と建前を使い分ける」

「総論は賛成するが、自分の分野では不利益となる各論は反対する」

「原則論と現実論を使い分ける」

こういう人が多いのではないでしょうか。

いささか旧聞《きゅうぶん》に属しますが、『日本経済新聞』に堺屋太一氏の『世界を

創った男 チンギス・ハン』が連載されたことがあります。その中で、

「入り易い入口には出口がない。入り難くとも出易い道筋を選ばねばならない」

という言葉がありました。

事を為すに際しては、安易な道を選ぶのではなく、初心の道に従って進むことが、結局は初心を貫徹する早道だと思います。

事象面においては「変える勇気」を、そして理念においては「変えない勇気」を。私たちはこの心構えを持って、三次元の変化の時代に道を切り拓《ひら》いていきたいものです。

逆境に耐える

■他責に逃げ込んでしまった現代人

「耐える」という言葉はもはや辞書の中にしか存在しないと私は思っています。

逆境と順境は、人生においても企業経営にとっても糾《あざな》える縄《なわ》の如《ごと》し、より合わせた縄のように交互にやってくるものです。順境の時には逆境の芽が潜《ひそ》んでいる。一方、厳しい冬の寒さの後には、やがて暖かい春がやってきます。

逆境は誰にもどこにでも例外なく訪れます。

「幸福な家庭はすべて互いに似かよったものであり、不幸な家庭はどこもその不幸のおもむきが異なっているものである」

トルストイ著『アンナ・カレーニナ』の冒頭の一文です。確かに、逆境はいつどのような形でやってくるか分かりません。人は誰でも少し逆境の谷間を泳ぐと、世に自分ほど不幸な人間はいないと思いがちです。しかし逆境の世は底なしであり、どん底と思われるような厳しい試練のその下には、さらに想像もつかない不幸が埋もれているものです。

地震・津波・台風・洪水などの自然災害は別として、人と人との関わり合いから生じる逆境に際し、今日の日本人の多くは「耐える」ということを忘れてはいないでしょうか。

歴史を繙《ひもと》いてみても、「耐える」ということはかつて日本人の美徳でした。それが飽食に慣れ、豊かな生活に包まれた今日、いつの間にかすべてにわたって「耐える」ことより、「社会が悪い」「国が悪い」と自己責任を考える前に「他責」に逃げ込んでしまってはいないでしょうか。自分も責任の一端を担う社会人であり、国民であることを忘れてしまっているといえます。

『新訳菜根譚《さいこんたん》』（守屋洋・著）に、

「『山登りはけわしい道に耐え、雪道は危い橋に耐えて進む』ということばがあるが、この『耐える』ということに深い意味が含まれている。人情はけわしく、人生の道はきびしい。『耐える』ことを支えとして生きていかなければ、たちまち、藪《やぶ》にふみ迷い穴に落ちこんでしまうだろう」

とあります。

第二次世界大戦の末期、寒い冬の日に靴下もなく、霜焼けやあかぎれだらけの手足で小学校の運動場を開墾《かいこん》し、軍人が食するサツマイモをつくったこと。自分は茎《くき》だけを食べながら、「欲しがりません　勝つまでは」という標語を口にしてひたすら耐えたこと。そうした子供時代を思い出す世代も少なくなってきたのではないでしょうか。

あきらめない、やめない、ここを去らない

「耐える」という言葉から想起されるのが、臨済宗円覚寺《えんがくじ》派管長・横田南《なん》嶺《れい》師が致知出版社より上梓《じょうし》された『人生を照らす禅の言葉』の一節、「法《ほう》遠《おん》去らず」です。

浮山《ふさん》法遠禅師（九九一～一〇六七）は若かりし頃、葉県《せつけん》禅師のもとへ入門するに際し、師の厳しい愛の鞭《むち》に耐え抜いて、師のもとを去ることなく、

やっと入門を許された。この「法遠去らず」の逸話に深い感慨を覚えた、と横田師は書かれています。

私の書斎の壁には、横田師が揮毫《きごう》された禅語の日めくりカレンダーが掛かっており、「法遠不去」に次の解釈が書き添えられています。

「世の中を生きてゆくには、道理にかなうことばかりではない。『なぜ、こんな目に遭うのか』と悲憤慷慨《ひふんこうがい》することもある。しかし、人間の真価が問われるのは、むしろそんな時であろう。去る時の弁解はいくらでもできる。しかし、一言も発せずして黙《もく》して忍《しの》ぶことの貴さを知らねばならない。法遠という僧は、あらゆる苦に耐え師のもとを去らなかった」

私たちは、すべてに恵まれたいまの時代に感謝すると共に、「法遠去らず――あきらめない、やめない、ここを去らない」という浮山法遠禅師の一徹《いってつ》の志《こころざし》を忘れてはなりません。

破れない壁はない

■壁は三つの方法で克服できる

過去は二度と戻ってはきません。人は往々にして、過去の栄光にすがったり、挫折を引きずったりしてしまいがちですが、所詮《しょせん》、過去は過去。済んだことにいつまでも囚《とら》われるのではなく、同じ失敗を繰り返さないよう心掛けることのほうが遥《はる》かに大事です。

私は、破れない壁はないと信じています。自然災害などの不可抗力は別として、〝壁〟は対人関係から生じることが多くあります。会社の人間関係、取引先との人間関係、近隣との人間関係、友人関係、男女関係等々、自分を巡る様々な関係軸の中で私たちは生きており、そこから生じる〝壁〟は、次の三つの方法で克服できる、と私は考えています。

一、いままで通りでは解決できない

人間は壁に突き当たった時、この壁を破る手段はこれ以外にはないと、いままでの手段に固執しがちです。しかし、東洋古典の『易経《えききょう》』に「窮《きゅう》すれば通《つう》ず」とあるように、他の解決方法にも視点を向けてみるべきです。男女の恋愛関係においても然《しか》り。もはやこの縁を逃すと他に縁がないと考えてしまいがちですが、赤い糸を結びつける方法は必ず他にあるものです。

いまのアプローチ以外に道がないかと考え直してみると、意外に道が開け、なぜいままで気がつかなかったのだろうと思うことがしばしばあるのです。

■案ずるより産むが易し

二、いますぐには解決できない

壁を破るタイミングは早いに越したことはありません。私は現役時代、週末にクレームの発生した得意先には、たとえ解決の糸口が見えなくてもその週末のうちに訪問しました。まず先方に解決への誠意を示すためです。

反対に、「急《せ》いては事を仕損《しそん》ずる」「急がば回れ」という諺《ことわざ》もあります。

私が現場を離れて数十年経ちますが、確かにいまだに解決を見ない問題は皆無です。すべては時が解決しているのです。

また、よい話を伝えるのは遅くても構いませんが、悪い話は即刻ひと声かけておくべきです。問題解決のためには、いますぐにやるべきことなのか、時間をかけてじっくりと解決を図るべきことなのか、タイミングを考えて行動することが大切です。

三、一人では解決できない

人間は、生まれた時も死ぬ時も一人。そして問題を解決するのも一人です。しかし、解決への道筋を探る際には、第三者の意見を参考にすることも大切です。決断は必要ですが、「三人寄れば文殊《もんじゅ》の知恵」と諺にあるように、思いがけないヒントを得られることがあるものです。

一人で思い煩《わずら》うことはありません。職場の上司や先輩、親きょうだい、友人など、いろんな人の意見に耳を傾け、熟慮を重ねた上で問題解決への道を突き進むべきです。「案ずるより産むが易《やす》し」とは、けだし名言です。

私は現役時代、いつも机上のガラスマットの下に、この三つの行動指針を挟み込んで難問に直面する度に読み返すことにしていました。その体験を通じて、〝壁〟の多くは自分自身でつくってしまうことを実感しています。そして最終的に、自分の前に破れない〝壁〟はない、という信念を持つに至ったことを、私は幸せに思っています。

時間は待ってくれない
～かけがえのない〝時間〟、いま生きているこの瞬間の素晴らしさ～

■〝いま〟は、既に過ぎ去った過去

自営であれ、中小企業であれ、大企業であれ、一つの経営体を維持していく上で大切なものは〝ヒト、モノ、カネ〟と言われてきました。しかし私は、〝時間〟と〝情報〟も同様に大切だと思います。

〝ヒト〟は、自己研鑽《けんさん》や第三者による研修、またはその企業が必要とする人材を新規採用することによって、量も質も増やすことができます。

〝モノ〟は、研究・開発部門の人材によって新しく生み出され、さらに機能を高めたり、また量を増やすこともできます。

〝カネ〟は、元手を増やしたり借り入れをしたりすることで充足することができます。

しかし、〝時間〟はどうでしょうか。時間は誰にも等しく一日二十四時間しか与えられていません。増やすことも借りることもできず、限られた二十四時間を有効に利用するしかないのです。諺《ことわざ》に「急がば回れ」とありますが、慌ただしいビジネスの現場では、回り道をする決断をなかなか下しにくい現実もあります。

時間の流れを表す言葉として、過去、現在、未来があります。辞書には、それぞれの意味が次のように説明してあります。

・過去：過ぎ去った時刻

・現在：過去と未来の間、いまこの時
・未来：これから来る時、将来

あいにくこの説明を読んでも、いつからが現在で、いつまでが現在となるかはっきりしません。

経営判断の場では、〝現在〟はなく、〝いまという過去〟しかないと私は思っています。刻々と状況が変化する経営の現場では、〝現在〟、すなわち〝いま〟は、既に過ぎ去った過去なのです。

そう考えると、〝いま〟できる経営判断を明日という将来に引き延ばしてはなりません。〝いま〟できることは〝いま〟決断すべきです。いまは、〝いまという過去〟に過ぎないのです。

■いま成すべきことを十分成し遂げているか

二〇二二年、『日本経済新聞』の一面トップに、「揺らぐ人材立国／『低学歴国』ニッポン　博士減、研究衰退30年　産学官で意識改革を」という記事が掲載されました。さらに翌朝には、「空洞化する卒業証書　学び直し、企業も学校も」と書かれていました。

私は、必ずしも立派な学歴が必要だとは思いません。問題を感じるのは、「空洞化する卒業証書」、つまり、相応の学力に達していないのに安易に卒業証書を渡すことです。

最近、社会に出てからの学び直しのニーズが高まっています。仕事に求められる専門知識を身につけ、自分の能力に磨きをかけることはもちろん素晴らしいことです。しかしその一方で、在学中の時間の無駄遣いについても考えていく必要があると私は思います。

学業の場は事業の場と同じで、「いま成すべきことを十分成し遂げているか」「いま成すべきことを明日以降に延ばしていないか」を常に問うていくことが大切です。

〝いま〟は飛んでゆく矢の如《ごと》く過ぎ去っていきます。そして二度と戻ってきません。私たちは、〝いま〟という時間をいかに無為に過ごしていることでしょうか。

「少年老い易《やす》く学成り難《がた》し」「一寸の光陰《こういん》軽んず可《べ》からず」の金言をいま一度噛み締め、それぞれの立場で〝いま〟できること、〝いま〟判断すべきことを、明日に引き延ばすことのないよう心掛けていきたいものです。

あとがきにかえて

本書は月刊誌『致知《ちち》』の「巻頭の言葉」に連載してきた連載を書籍化したものである。長年にわたる私自身のビジネス人生を基に、読者の方にいささかでも益するところがあればとの思いで、毎回心を砕きながら執筆をしてきた。

皆様からは「福地さんのコラムを『致知』で読めるのを楽しみにしている」といった声を思いがけずたくさんいただくことができ、そのことが私自身の大きな励みともなってきた。二〇一八年七月号からスタートして、二〇二三年一一月号で無事役目を終えることができ、いまは安堵感に包まれている。

また、私のコラムを楽しみにしてくださっていた方からは、この連載を一冊の本にまとめていただけたらというありがたいご要望もいただき、致知出版社の藤尾秀昭社長にご相談させていただいたところ、快く承諾をいただき、このたび刊行の運びとなった次第である。

本書には、『ビジネス人生で学んだ私の人生訓』というタイトルを付けていただいたが、私自身が人生を歩んでくるうえで、最も大きな影響を受けたのは母である。

以前、ＮＨＫラジオ深夜便の「母を語る」というコーナーに出演させていただいた折、母から受けた教えを詳しく述べさせていただいたことがあった。その内容は、自分自身の人生の原点を記すものでもあるため、ＮＨＫおよびＮＨＫ財団の承諾を得て、掲載させていただくこととした。このインタビュー記事をもって、本書のあとがきにかえさせていただきたい。

父は〝形〟から、母は〝心〟から

――お忙しい毎日と思いますが、いつも何時ごろ、お目覚めですか。

福地　夜が明けそめると目が覚めて、五時になると私、歩くんです。義務的にやるのはいやですから、ほぼ、その前後に出かけるということですけれども、六時にはフィットネスクラブに行きまして、露天プールに入って空を見上げて、その日一日の英気を養っております。

――規則正しいお暮らしですね。福地さんは、ビール会社に長くお勤めになったあと、NHKの会長を一期三年お務めになり、さらに新国立劇場の理事長と、異なる分野で次々ご活躍です。お生まれは福岡ですね。

福地　福岡県戸畑市（現・北九州市戸畑区）です。母（雪子　一九一三〜二〇〇七）

が病弱でしたので、同市内の若松（現・北九州市若松区）にあった母の実家から幼稚園に通いました。小・中学校は母の稼ぎ先である戸畑に通いましたが、小学校四、五、六年のときも、体調を崩した母に代わって祖母が育ててくれました。小学校一年のときに太平洋戦争が始まりましたから、たいへんな時代に世話してくれた祖母には、今も感謝の気持ちでいっぱいです。高校は小倉高校です。ですから高校を卒業するまで北九州市を出たことがないという「北九州っ子」であったわけです。

――ごきょうだいは。

福地　男三人、女三人です。年をとった今となりますと、きょうだいが多いのはありがたいことです。みんな元気にしておりますのでね。私は恥ずかしながら長男でして、長男が母親の愛情を独り占めしたようなかっこうで大切にしてもらいました。弟、妹には、申し訳ない。

――ご実家は何をなさっていたのですか。

福地　紙文房具屋です。祖母の代に始めまして、父親が二代目でした。「店はだいたい三代目でつぶれる」と父がよく言っていましたから、三代目の長男である私にはプレッシャーでした。とうとう家業を継ぎませんでしたけれども。

――お小さいときは継ぐつもりでいらしたのですか。

福地　他に選択肢はないと思っていました。両親から継ぐように言われたわけではありませんが、自分なりに、そう思っていました。

そういうことよりも母親がよく言っておりましたのは、「うちは『商』だけれども、文を商っているのだから、誇りを持ちなさい」ということでした。士農工商というのはもちろんなかったですけれども、周囲には「うちは士族だ」と言っているところもまだありましたし、商売というのは、どちらかというと低く見られていたと思いますね。

※

福地　今日もそうですが、なぜ世の中、両親のどちらかについて語ろうとすると、母親になってしまうのだろうと、自分も父親でありながら思います。でもやっぱり、そうなってしまいますね。母との思い出は話しだしたらきりがない（笑）。

幼稚園の学芸会で、なぜかうちの母親の振り付けで白虎隊《びゃっこたい》の剣舞をやったんです。小学一年生の学芸会のときに、また母が「茂雄さん、もういっぺんあれをやりなさい」と、家の二階で蓄音機を回しながら練習させられたのを覚えています。こんなこともありましたよ。父兄の参観日でもないのに、母が学校の廊下に立って授業を見ている。時間表がありますね。

あれを書き写していたり。当時は「教育ママ」とは言いませんでしたが、とにかく教育熱心でした。通信簿が出たら、「おかあさん、はいっ！」と渡したりね。

——成績は良かったのではないですか。

福地　そんなことはないです。ただね、母親は若松高等女学校を出ておりまして、そのときの成績表を見たことがあります。当時の評価は甲乙丙であらわしたようですが、全部、甲ですよ。息子に厳しく言うだけあるなと、思いましたね。

——宿題もよく見てくださいましたか。

福地　小学校五年生のとき、宿題でこんな短歌を詠みました。

一枝《いちえだ》の林の中を過ぎゆけばほのかに匂う梅の花かも

一枝というのは地名ですが、母親が、「歩みゆけば……というふうに、字余りにしなさい」と言うんです。字余りに「しなさい」というのは、おかしいと思うのですが（笑）。

やはり五年生のときに在校生総代として読む送辞も、母親がいろいろ添削してくれました。

「厳しい冬の寒さにも耐えて、清く気高く咲き匂いし梅の花もいつしか散って、緋桃《ひもも》、白桃《しらもも》、競い咲く弥生の候となりました」。母親の助けがなければとても書けませんけれども、こんなふうに私の後ろには、常に母親の影がつきまとっていたという感じがいたします。

※

――お母さまは文学に関心がおありだったのでしょうか。

福地　本を読むのは好きでしたね。私も会社に勤めておりました時代は、単行本を年間百数十冊、さまざまなジャンルの本を読んでおりました。読書のきっかけを作ってくれたのは母親でしょうね。最初はたしか、近松門《もん》左衛門《ざえもん》の『国性爺合戦《こくせんやかっせん》』をわかりやすくした本を、「茂雄さんこれ読みなさい」と持ってきてくれました。小説って、おもしろいんだなあと思いました。それからは、佐藤紅緑《こうろく》さんの『あゝ玉杯に花うけて』ですとか、吉川英治さんの本は、『三国志』をはじめとして全て読みました。高校から大学にかけて出た吉川さんの『新・平家物語』や谷崎潤一郎さんが出された源氏物語の新訳も、母親が「読みなさい」と、全部買ってくれましたね。

――お母さまは福地さんのことを「茂雄さん」と呼ばれていたのですか。

福地　どういうわけか両親とも、子どもをさんづけで呼んでいましたね。

――ごきょうだいはみなさん、本はお好きでしたか。

福地　いちばん下の弟は本よりレコードでした。「うるさい」と言われるものですから押し入れの中で聴いていましたよ。かわいそうに。そういえば、母の声はきれいだったですね。私が小学校に入る前、入院していた母が看護師さんといっしょに『愛染かつら』や『白蘭《びゃくらん》の歌』を歌っていて、いいなあと思って聴いたことを思い出します。今でも口ずさむことができますよ、母親が歌っていたものは。

――小さなお子さんが六人、戦時中は食べるものにもご苦労されたでしょうね。

福地　太平洋戦争が始まって数年後は、食べる米にもことかく状態でした。母親が箪笥《たんす》の中から着物を出しては、筑豊の田舎の知り合いのお百姓さんのところに行って、芋や米と交換していました。実は母親が自分で行くのは恥ずかしいと言うものですから、超満員の列車に乗って祖母と私で行ったんです。「文を商っていることに誇りを持て」と言うくらいの母ですから、見えを非常に大事にしましたし、いばるという意味ではなくて、自分なりの見識を持っておりましたね。寅年生《とら》まれの母を、父は「おまえのトラは、ほんとうの五黄《ごおう》のトラだな」と言っておりました。何かを持っている母親でした。

※

――高校を卒業されて、長崎大学に進まれますね。

福地　もともと、大学に行くつもりはありませんでした。商売屋を継ごうと思っていたわけですから。小倉高校に進んだのも、普通科の他に商業科があったからです。ところが、そこの恩師が長崎高等商業学校（現・長崎大学の経済学部）の出身で、母の兄もそうだったものですから、同じように学びたいと憧れるようになりました。父親も、「行きたいなら行ってもいい」と言ってくれたものですから、受験したわけです。

――はじめて親元を離れたわけですね。お母さま、いかがでしたか。

福地　長崎に行きましてから、毎日、毎日、とにかく毎日、西日本新聞を送ってきました。新聞全体ではなくて、いちばん後ろの北九州版だけを、八つ折りにして帯封をして送ってくる。故郷・北九州の情報を知らせてやろうと思ったのでしょうね。それと、『中央公論』や『改造』、どういうわけか『婦人公論』、それに『男子専科』なんていうのもありました。

――うれしかったですか。

福地　うれしかったですよ。試験が近づけば、干したマムシですとか、それといっしょに食べなさいと氷砂糖もありました。一九五三（昭和二十八）年、まだまだ物が豊富ではない時代です。ココアなども送ってくれましてね。母には頭があがりません、ほんとうに。

——大学を卒業されるときには、家業を継ぐおつもりは。

福地　まだ継ぐ気でおりました。ただ父親に「よその飯を食って来い」と言われまして、たとえば製紙会社のように、家の商売と少しでも縁のあるところに行きたいと考えました。長崎高商を出た伯父がセメント会社の工場長をしていまして、要するに伯父のように、何かものをつくる会社に行きたいと漠然と思っていたくらいなんです。ビール会社に決まったのは、「出会い」です。人生すべからく、出会いだと思っています。

——社会人となってからは、趣味で絵をお描きになってきたそうですね。

福地　絵や字を書くのは、ずっと好きでした。なにしろ紙文房具屋の長男ですから、材料や道具に不自由しません。母親に言われて行ったのかどうかわかりませんけれども、神社の奉納書道大会やスケッチによく出かけていましたから、その習慣が今も続いているのでしょう。

大学では雑誌部で挿絵を描いたり、会社員時代はガリ版で作った労働組合の機関誌の表紙の絵を描いたり、今も、絵手紙にするぐらいの水彩のスケッチが好きなんです。絵も音楽もそうですけれども、むずかしいことはわからないんです。いちばん入り口のところで、幅広く、入ったらすぐ出ちゃうくらいのところで楽しんでいるわけです。

――福地さんはずっとご自分でネクタイなどを選んでおられるそうですが、大学時代にお母さまから送られてきた『男子専科』のおかげでしょうか。

福地　多少影響があるかもわかりませんね（笑）。土曜日になりますと、スケジュール帳を見ながら、次の週の月曜日から土曜日まで、毎日のスーツとネクタイ、ポケットチーフを組み合わせて用意します。会合の内容など、家内には細かいことはわかりませんから、自分で予定に合わせて、そろえるわけです。

※

――お若いころは病弱だったお母さまですが、その後、体調はいかがだったのですか。

福地　中年以降はきわめて元気で、九十三歳まで生きました。

――福地さんのご活躍は十分ご覧になったわけですね。

福地　私が社長になるなんて思ってもみなかったでしょう。社長になったとき、面白い話があるんですよ。母が、新聞をまるめて作った棒を手に持ちましてね、私をすわらせて叩《たた》くかっこうをして写真を撮ったんです。「増長したらだめだよ」って。もちろん冗談ですけれども。

――すごいお母さま！

福地　母親が余命いくばくもなくなりましたとき、私は東京におりました。「あのとき、会っていたらよかった」という後悔はしたくないと、会える時間があれば、一日おきでも、二日や三日続けてでも、九州に会いに行きました。母は面と向かって「茂雄に会いたい」とは言いませんでしたが、妹には「にいちゃん来てる?」なんてことを話していたようですから、「来たよ」と姿を見せるのが、私にできる親孝行だろうと思っておりました。

――ご両親に反抗したり、鬱陶《うっとう》しいと思ったことは、なかったのですか。

福地　一度もなかったですね。両親とも、よく理解してくれましたし、知識をどうこうではなくて、生きざまを教えてくれました。たとえば、父は熱心な日蓮宗の信者で、朝晩必ずお経をあげておりました。いっぽう母親は、仏壇に手を合わせているのを見たことはありませんが、朝三時過ぎには起きて、仏壇に水とお茶とお仏飯を供えてお花の水を替えて、他に五、六か所ある神棚のものもすべて替えるのが日課でした。先祖を敬い神仏を大切にするのは一緒なんだけれども、父は形から、母は心からというふうに、アプローチのしかたが違うのですね。今、私は講演などでお話しする機会があると、「心と形」と言うのですけれども、そうした両親の姿を見ていたことが、たいへん参考になっております。

――お母さまにいちばん感謝していることは何ですか。

福地　七十歳を過ぎて違う業界に会長として再就職できたのは、まずいちばんに、健康だったからです。両親には健康なからだを授かりました。それからやっぱり、家庭でのしつけですね。嘘《うそ》をついちゃいけない、隠しごとをしてはいけない、鉛筆は使えなくなるまで使いなさい、そういったことをしっかり詰め込まれました。今でも鉛筆はぎりぎりまで使っていますよ。企業でいうコンプライアンスの問題は、嘘をついちゃいけない、情報を開示せよということ、「お客様満足」にしても、人のいやがることをしない、人のふり見てわがふりなおせ、といった、日常の中で両親がそれとなしに子どもに植え付けてきたものでしょう。そうしたことをきっちりと家庭でしてくれたことに、感謝していますね。

——ご活躍の陰には今も一貫してお母さまの厳しさと愛情があることが、よくわかりました。

福地　あっちの世界でこれを聞いた母が、「お前が話していることは違っているよ」と、言っているかもしれませんけれども。

（聞き手／遠藤ふき子「ＮＨＫラジオ深夜便」２０１１年9月20日放送の再構成）

【初出一覧】

第一章　教育の力

十年樹木、百年樹人　致知二〇二一年一二月号
いまの教育に思う　致知二〇二〇年六月号
西郷どんの言葉に思う　致知二〇一八年七月号
読書と人生　致知二〇二三年三月号

第二章　置かれた場所で輝く人に

出藍の誉れ　致知二〇一八年一一月号

アンサング・ヒーローに拍手を　致知二〇二〇年三月号
ナンバーワンよりオンリーワン　致知二〇二一年三月号
小さな歯車　致知二〇二三年六月号

第三章　幸せのありか

こころとかたち　致知二〇一九年一一月号
出会い　致知二〇二〇年九月号
しあわせは微笑みと共に　致知二〇二二年九月号
お金で買えないもの　致知二〇二三年九月号

第四章　日本人に生まれて

第五章　いまを大事に生きる

初出一覧

逆境に耐える　致知二〇二二年六月号
破れない壁はない　致知二〇二二年一二月号
時間は待ってくれない　致知二〇二三年一一月号

あとがきにかえて

父は〝形〟から、母は〝心〟から
ステラMOOK『ラジオ深夜便　母を語る』第4集（NHK財団〈旧NHKサービスセンター〉）

著者略歴

福地茂雄（ふくち・しげお）
昭和9年福岡県生まれ。32年長崎大学経済学部卒業後、アサヒビール入社。京都支店長、営業部長、取締役大阪支店長、常務、専務、副社長を経て平成11年社長に就任。14年会長。18年相談役。20年第19代日本放送協会会長（23年まで）。日本相撲協会横綱審議委員会委員、財団法人新国立劇場運営財団理事長、東京芸術劇場館長などの要職も歴任。平成26年旭日重光章受章。令和6年1月逝去。

ビジネス人生で学んだ 私の人生訓

令和六年一月二十五日第一刷発行
令和六年四月十八日第二刷発行

著者　福地茂雄
発行者　藤尾秀昭
発行所　致知出版社
〒150-0001 東京都渋谷区神宮前四の二十四の九
TEL（〇三）三七九六―二一一一
印刷・製本　中央精版印刷

ISBN978-4-8009-1299-2 C0095
ホームページ　https://www.chichi.co.jp
Eメール　books@chichi.co.jp
装画・挿画――著者
装幀――スタジオファム
編集協力――柏木孝之
協　　力――NHK財団
JASRAC　出　2400217-401